PÁGINAS *de* ESPERANÇA

ESPIRITUALIDADE, FAMÍLIA E EVANGELHO-APOCALIPSE DE JESUS

Palavras do Espírito Dr. Bezerra de Menezes, por intermédio da mediunidade do Cristão do Novo Mandamento de Jesus Chico Periotto.

De:

Para:

BEZERRA *de* MENEZES

PÁGINAS *de* ESPERANÇA

ESPIRITUALIDADE, FAMÍLIA E EVANGELHO-APOCALIPSE DE JESUS

Do Mundo Espiritual, orientações de extraordinário valor para todos os seres espirituais e humanos de Boa Vontade.

ELEVAÇÃO

Produção editorial: *Equipe Elevação*
Revisão: *Equipe Elevação*
Impressão: *Mundial Gráfica*
Capa: *Alziro Braga*
Projeto gráfico e diagramação: *Helen Winkler*

Depósito legal na Biblioteca Nacional conforme
Decreto nº 1.825, de 20 de dezembro de 1907.

Dados Internacionais de Catalogação na Publicação (CIP)
(Câmara Brasileira do Livro, SP, Brasil)

P445p

Periotto, Chico.

Páginas de Esperança / Chico Periotto : pelo Espírito Bezerra de Menezes — 1. ed. — São Paulo : Editora Elevação, 2018.
144 p.

ISBN 978-85-7513-233-3

1. **Quarta Revelação.** 2. Jesus Cristo. 3. Mediunidade.
4. Espiritualidade. 5. Psicografia. 6. Meditação.
I. Menezes, Bezerra de. II. Título.

CDD-133.93

Índices para catálogo sistemático:

1. Mensagens mediúnicas psicografadas: Espiritismo 133.93

Av. Marquês de São Vicente, 446, cj. 1.713
CEP 01139-000 — São Paulo/SP — Brasil
Tel.: (11) 5505-2579

Sumário

Tratado do Novo Mandamento de Jesus

A Espiritualmente Revolucionária Ordem Suprema do Divino Mestre representa o diferencial da Religião de Deus, do Cristo e do Espírito Santo[1] e é a base de todas as suas ações de promoção espiritual, social e humana, pela força do Amor Fraterno, por Ele trazido ao mundo.

Ensinou Jesus, o Cristo Ecumênico, o Divino Estadista: "[13:34] *Novo Mandamento vos dou: amai-vos como Eu vos amei.* [13:35] *Somente assim podereis ser reconhecidos como meus discípulos, se tiverdes o mesmo Amor uns pelos outros.*

*15:7 Se permanecerdes em mim e as minhas pa-
lavras em vós permanecerem, pedi o que quiser-
des, e vos será concedido. 15:8 A glória de meu Pai
está em que deis muito fruto; e assim sereis meus
discípulos.*

*15:10 Se guardardes os meus mandamentos,
permanecereis no meu Amor; assim como tenho
guardado os mandamentos de meu Pai e perma-
neço no Seu Amor.*

*15:11 Tenho-vos dito estas coisas a fim de que a
minha alegria esteja em vós e a vossa alegria seja
completa.*

*15:12 O meu Mandamento é este: que vos ameis
como Eu vos tenho amado. 15:13 Não há maior
Amor do que doar a própria vida pelos seus amigos.
15:14 E vós sereis meus amigos se fizerdes o que Eu vos
mando. 15:17 E Eu vos mando isto: amai-vos como
Eu vos amei.*

*15:15 Já não mais vos chamo servos, porque
o servo não sabe o que faz o seu senhor; mas
tenho-vos chamado amigos, porque tudo
quanto aprendi com meu Pai vos tenho dado
a conhecer.*

[15:16] *Não fostes vós que me escolhestes; pelo contrário, fui Eu que vos escolhi e vos designei para que vades e deis bons frutos, de modo que o vosso fruto permaneça, a fim de que tudo quanto pedirdes ao Pai em meu nome Ele vos conceda.*

[15:17] *E isto Eu vos mando: que vos ameis como Eu vos tenho amado.* [15:9] *Porquanto, da mesma forma como o Pai me ama, Eu também vos amo. Permanecei no meu Amor".*

(Tratado do Novo Mandamento de Jesus, reunido por Paiva Netto, consoante o Evangelho do Cristo de Deus, segundo João, 13:34 e 35; e 15:7, 8, 10 a 17 e 9.)

---

[1] **Religião de Deus, do Cristo e do Espírito Santo** — Nesta e em outras obras literárias da Quarta Revelação, o leitor vai se deparar com as denominações Legião da Boa Vontade (LBV) e Religião de Deus, do Cristo e do Espírito Santo, criadas pelo saudoso **Alziro Zarur** (1914-1979), que se irmanam na lide em prol de *"um Brasil melhor e de uma Humanidade mais feliz"*. São elas duas Instituições irrestritamente ecumênicas, unidas para atender, de forma integral, às carências fundamentais do

ser humano e do seu Espírito Eterno, transformando-o sem paternalismos, a fim de que ele possa assumir na sociedade o seu papel de protagonista na solução dos problemas existentes. Agem assim para que a criatura humana se realize por meio dos poderosos ensinamentos do Espírito (Religião de Deus, do Cristo e do Espírito Santo) e da dinâmica ação de reforma humana e social (Legião da Boa Vontade), decorrência natural de nossa integração nos preceitos divinos. Disse Jesus: *"Buscai primeiramente o Reino de Deus e Sua Justiça, e todas as coisas materiais* [portanto, humanas e sociais] *vos serão acrescentadas"* (Evangelho do Cristo, segundo Mateus, 6:33). Da convergência dessas ações — a espiritual e a humano-social — nasce a Política de Deus, para o Espírito Eterno do ser humano. A Religião de Deus, do Cristo e do Espírito Santo também é conhecida como Religião do Terceiro Milênio, Religião do Amor Universal e Religião Divina.

A Oração de Jesus no Getsêmani, c. 1730
Sebastiano Ricci (1659-1734)
Óleo sobre tela, 95,5 x 78,5 cm
Museu de História da Arte, Viena, Áustria

Pai-Nosso e tijolos de esperança

PAI-NOSSO

(A Oração Ecumênica de Jesus, que se encontra no Seu Evangelho, segundo Mateus, 6:9 a 13.)

Pai Nosso, que estais no Céu,
santificado seja o Vosso Nome.
Venha a nós o Vosso Reino.
Seja feita a Vossa Vontade,
assim na Terra como no Céu.
O pão nosso de cada dia dai-nos hoje.
Perdoai as nossas ofensas,
assim como nós perdoarmos aos nossos ofensores.
Não nos deixeis cair em tentação,

mas livrai-nos do mal,
porque Vosso é o Reino,
e o Poder, e a Glória para sempre.
Amém!

Os Anjos Guardiães de cada um oferecem a ajuda, sempre a renovar as presenças, entrelaçando as posições de luta com a confiança e a certeza de que seus protegidos jamais estarão abandonados. **Não há desamparo no Reino de Deus.** Não existe esta palavra: **desamparo**. Não há desesperança no Etéreo, porque o Etéreo é formado por **tijolos de esperança**. Não há impossíveis no Mundo Espiritual, porque as energias e as forças condensadoras são todas feitas pela **Energia de Deus**, energia cósmica inesgotável.

Calibrem, afinem seus Espíritos nas regras eternas. Assim, tudo à volta amplia-se, melhora, progride. Tudo! Tudo! E tudo!

A alegria dos Espíritos de Deus é ver os seres reencarnados compreendendo que **não estão sozinhos** nos momentos de dificuldade. Foi o

Cristo quem ordenou que todos orássemos **o *Pai-Nosso***, que **solicitássemos o pedido aos Céus**. Ora, meus Irmãos, **se a Autoridade-Mor ratificou o conforto maior dos Céus, o que mais esperar senão** — pela força do trabalho integrado nesses ensinamentos superiores — **a vitória total**?

Dr. Bezerra de Menezes

Maria e o Menino Jesus, com João Batista e os Anjos, c. 1610
Giulio Cesare Procaccini (1574-1625)
Óleo sobre painel, 51 x 36,5 cm
Galeria Nacional da Escócia, Edimburgo

Família: ninho sagrado

A família é o ninho sagrado que acolhe o Espírito reencarnante e prepara os caminhos de sua jornada terrena. É nela que devem florescer os sentimentos mais ternos e sublimes do ser humano.

Paiva Netto
Presidente-Pregador da Religião de Deus, do Cristo e do Espírito Santo.

A Santa Ceia, c. 1876
Carl Bloch (1834-1890)
Óleo sobre cobre
Museu de História Natural de Frederiksborg, Hillerød, Dinamarca

Cânticos literários da Doutrina Cristã

Nada mais precioso do que o espírito de unidade, servindo ao Mestre Criador, Supremo Ser do Novo Mandamento, o próprio **Jesus**, que o revelou: *"Amai-vos como Eu vos amei. Somente assim podereis ser reconhecidos como meus discípulos"* (Evangelho do Cristo, segundo **João**, 13:34 e 35). Trata-se da passagem mais importante da Bíblia Sagrada e que o Irmão Maior **Paiva Netto** jamais deixa de expressar em seus cânticos literários da Doutrina Cristã[1], que unem, sabiamente, povos adversos na aparência no avançado conceito ideológico produtivo, o da superação da morte, o da Vida Eterna.

Dr. Bezerra de Menezes

[1] Conheça os livros do escritor Paiva Netto acessando o *blog* www.paivanetto.com.

Prefácio

Em *Páginas de Esperança — Espiritualidade, Família e Evangelho-Apocalipse de Jesus*, o nobre Espírito Dr. **Bezerra de Menezes** apresenta-nos importantíssimos ensinamentos a respeito da Vida Espiritual. Esse intercâmbio entre Céu e Terra eleva o nosso padrão vibratório a uma realidade cada vez mais reconhecida entre nós — a espiritual — e, ao mesmo tempo, traz melhoria nas relações humanas, fator primordial para a vivência da Paz.

Personalidade ímpar na história da Monarquia e no início da República no Brasil, o Dr. Adolfo Bezerra de Menezes Cavalcanti nasceu em 29 de agosto de 1831, no município de Riacho das Pedras, anteriormente denominado Riacho do Sangue (hoje Jaguaretama), no Estado do Ceará. Nosso preclaro Irmão, além de notável abolicionista, foi líder do Partido Liberal e Presidente da Câmara Municipal da Corte no Rio de Janeiro, cargo equivalente ao de prefeito nos dias atuais. Médico por formação, foi destacado Presidente da Federação Espírita Brasileira (FEB), eleito em 1895, cargo que exerceu até o seu falecimento. Por sua dedicação aos menos favorecidos, o caridoso benfeitor era carinhosamente chamado de "O Médico dos Pobres".

Retornou ao Mundo Espiritual na manhã de 11 de abril de 1900, no Rio de Janeiro/RJ, e atualmente é um dos mais importantes colaboradores na Revolução Mundial dos Espíritos de Luz[1], na Quarta Revelação, preconizada pelo saudoso **Alziro Zarur** (1914-1979), Proclamador da Religião de Deus, do Cristo e do Espírito Santo, e desenvolvida por **José de Paiva Netto**, Presidente-Pregador da Religião do Terceiro Milênio.

Ao ler cada uma das páginas deste livro, sinta a tranquilidade na Alma e veja quão linda é a Vida, espiritual e material. Compreenda a Misericórdia de Deus e de que forma Ele permite que nossos horizontes se ampliem muito além dos parcos anos que vivemos nesta existência, na nossa amada Terra.

Boa leitura e excelente aprendizado!

Os editores

---

[1] **Revolução Mundial dos Espíritos de Luz, na Quarta Revelação** — Anunciada em 1953, por Alziro Zarur (1914-1979), abrange um amplo movimento de caráter ecumênico total, que promove o intercâmbio consciente entre as duas Humanidades: a da Terra e a do Céu da Terra. A iniciativa ganhou corpo a partir da década de 1990, quando o escritor Paiva Netto, acrescentando ao título a expressão "de Luz", deu maior desenvoltura às reuniões práticas do Centro Espiritual Universalista (CEU), criando o primeiro grupo efetivo de mediunidade direta da Religião do Amor Universal. Sob o comando do Presidente-Pregador da Religião de Deus, do Cristo e do Espírito Santo, o Dr. Bezerra de Menezes coordena, no Mundo Espiritual, esse vanguardeiro trabalho. Em 3 de abril de 1993, esse bondoso clínico do Céu assim se expressou: *"A equipe médica da Medicina Divina está olhando a todos, não somente aqueles que estão dentro dos recintos das Igrejas Ecumênicas da Religião de Deus, do Cristo e do Espírito Santo, mas também a todos aqueles que não puderam se deslocar, por dificuldades físicas, orgânicas, materiais. Estamos com 50 mil médicos do Etéreo trabalhando, a todo vapor, para a libertação dos males físicos e espirituais do Brasil e do mundo".*

No Bosque de Bolonha perto de Paris, c. 1906
Isaac Israëls (1865-1934)
Óleo sobre tela, 33 x 46 cm
Museu Nacional de Amsterdã, Holanda

Fortalecer os laços da família

Fortalecer os laços da família ainda é o grande trabalho a ser desenvolvido na Terra. As famílias prontas, preparadas, unidas, coesas **farão comunidades, países, civilizações melhores.**

Abraão e os Três Anjos, c. 1645
Jan Victors (1619-1676)
Óleo sobre tela, 121 x 162 cm
Museu Estadual Hermitage de São Petersburgo, Rússia

Redobrada vigilância no lar

Recomendo a todos: redobrem a vigilância com suas queridas famílias. Façam delas entes cada vez mais sintonizados com o Mundo Espiritual Elevado. Unam-se. Jamais deixem de levar a sério o sagrado compromisso da união conjugal, tão necessária para a continuidade da espécie humana. O exemplo é a força moral de qualquer instituição estabelecida na Terra que queira sobreviver incólume.

União das famílias: o segredo do sucesso

O que desejamos no Espaço Espiritual é que as pessoas consigam suportar e superar na Terra os desafios das famílias que se constituem, se desenvolvem e crescem na sucessão dos acontecimentos diários, nem sempre agradáveis. **Somente com a renovação do Amor somos capazes de melhorar os sentimentos de convivência e de desenvolvimento familiar.** A pressão contra as famílias que vivem amorosamente neste planeta sempre será grande, porque os invejosos do espaço trevoso e também do mundo terreno desejam constantemente a desarmonia e o flagelo daqueles **que se amam e que podem constituir o manancial de alegria e de felicidade no seio do mundo**. Por isso, nos lembremos das Falanges do Amor Divinal, que socorrem, que atuam, que afastam os sentimentos prejudiciais aos laços afetivos entre os cônjuges e seus descendentes.

Jacó abençoando os Filhos de José, 1656
Rembrandt van Rijn (1606-1669)
Óleo sobre tela, 173 x 209 cm
Museu de Hessen Kassel, Alemanha

A Santíssima Trindade, c. 1754
Corrado Giaquinto (1703-1766)
Óleo sobre tela, 295 x 170 cm
Museu Nacional do Prado, Madri, Espanha

A Proteção de Deus vence tudo

As famílias são abençoadas por Deus, porque constituem o esteio da saúde, do progresso e da Paz, sempre pronto aos apelos dos sentimentos do Criador. Elas, assim, revivem momentos de outrora, cuja felicidade ocorreu, sobreviveu, renasceu, floresceu pelos séculos. O que prometemos? Cada vez mais ajudar os seres terrenos, para que as ondas nocivas sejam retiradas do convívio salutar dos queridos Irmãos reencarnados. **Espíritos fortes, juntos, geram grandes acontecimentos. A Proteção de Deus vence tudo.**

Paisagem com Comerciantes, c. 1629
Claude Lorrain (c. 1604-1682)
Óleo sobre tela, 97,2 x 143,6 cm
Galeria Nacional de Arte, Washington, EUA

Espíritos também possuem sentimentos

Saudemos nossos Anjos Guardiães, Protetores, Amigos, que não nos abandonam e permitem aos seus tutelados reparos edificantes. E lembrem-se: os Irmãos da Humanidade de Cima também possuem sentimentos. Portanto, ao compartilharem suas angústias, sejam sempre amigos e companheiros dos Companheiros do Espaço.

A vitória pertence àqueles que, em tempo algum, duvidam do Poder de Deus.

Maria em Oração, 1640-1650
Giovanni Sassoferrato (1609-1685)
Óleo sobre tela, 73 x 57,7 cm
Galeria Nacional de Londres, Inglaterra

O extraordinário poder da oração

Estamos sob os acordes da misericordiosa proteção de **Maria**, Mãe de Jesus! Ela encarna a maternidade responsável e dedicada que ainda falta em muitos corações no mundo! Todos são beneficiados pela Corrente da Boa Vontade de Deus. Pensem naqueles que necessitam do Socorro Divino, e eles serão, automaticamente, pela Luz do Cristo amparados. É o poder extraordinário da oração, **a vontade** de se integrar ao Criador, ao seio da Cristandade Universal.

Lago Squam do Monte Vermelho, 1874
William Trost Richards (1833-1905)
Aquarela, guache e grafite em papel tecido verde-cinza claro, 22,5 x 34,4 cm
Museu Metropolitano de Arte, Nova York, EUA

Benesses espirituais para a saúde

Se quisermos atrair as benesses que representam a nossa estabilidade futura na saúde, devemos conduzir-nos também por leituras edificantes das obras literárias de nosso Irmão Maior Paiva Netto, dos livros espirituais, do Evangelho e do Apocalipse de Jesus, que façam os Espíritos que nos acompanham — os nossos Anjos da Guarda, os Guias do Espaço — se sentir aptos a realizar o trabalho de regeneração de nossos vasos físicos. Eis o meu recado a todos.

Milford Sound, Nova Zelândia, 1877-1879
Eugene von Guérard (1811-1901)
Óleo sobre tela, 99,2 x 176 cm
Galeria de Arte de Nova Gales do Sul, Sydney, Austrália

Amor: o maior ímã da Espiritualidade

Espíritos afins se reencontram também no universo carnal. É ilusão acharmos que estaremos distantes daqueles que amamos, pois **o Amor é o maior ímã da Espiritualidade, é a atração que não cessa em nenhum momento. É o próprio Deus atuando, ligando as criaturas umas às outras por força do coração, do sentimento.**

Coração dos Andes, 1859
Frederic Edwin Church (1826-1900)
Óleo sobre tela, 168 x 302,9 cm
Museu Metropolitano de Arte, Nova York, EUA

Suplantando as intempéries da convivência

Não podemos esquecer que **Quem criou as famílias foi Deus**, o Pai Celeste, por intermédio de células afins. E, quando falamos em famílias, falamos em felicidade, em harmonia e em provações também. Felizes dos que passam pelas provações e sobem, e evoluem, e marcham, **suplantando as intempéries da convivência**.

A Anunciação, 1672
Luca Giordano (1634-1705)
Óleo sobre tela, 236,5 x 169,9 cm
Museu Metropolitano de Arte, Nova York, EUA

Toda vibração é contabilizada

Os sinais de amizade nunca se apagam de nossa Alma. Todos os que estão no Mundo Espiritual recebem a boa vibração quando na Terra as criaturas lembram deles **com o coração aberto, com agradecimento de Alma. Faz muito bem a todos.** E os Espíritos têm muito maior sensibilidade, porque já não possuem a roupa carnal. Então, tudo que se fala, tudo que se diz, **toda vibração é contabilizada**. A vibração é ímã inquebrantável, insuperável. Faz da afinidade seu elo propulsor.

As Faias, 1845
Asher Brown Durand (1796-1886)
Óleo sobre tela, 153,4 x 122,2 cm
Museu Metropolitano de Arte, Nova York, EUA

Afinados com as Forças Divinas

Raciocinamos melhor quando estamos afinados com as Forças Divinas, porque não ficamos presos somente aos fatos materiais, mas aos sinais do Espírito, que Jesus manda.

Cristo, o Consolador, 1875
Carl Bloch (1834-1890)
Óleo sobre tela
Museu de Arte da Universidade de Brigham Young, Utah, EUA

O verdadeiro sucesso vem de Jesus

Disse Jesus: *"Sem mim, nada podereis fazer"*. A parábola da videira e os ramos (Evangelho, segundo **João**, 15:1 a 27) me toca o coração. Deveríamos sempre, sempre, sempre voltar a ela, humildemente, como na Primeira Caridade [Apocalipse, 2:5], e ver que não somos nada, absolutamente nada, sem o Cristo. Todo sucesso empreendido na Terra, verdadeiro sucesso, vem Dele, Jesus. (...) A parábola inteira **é um ensinamento extraordinário, extraordinário! Não nos deixa sair da rota, não nos deixa olhar para horizontes que não são os do Cristo. E percebemos quão pequenos somos diante de Sua Glória Excelsa!** E, assim, jamais entraremos em vibração que não seja aquela que nos interessa: a de Deus, do Cristo e do Espírito Santo!

A VIDEIRA E OS RAMOS

(Evangelho de Jesus, segundo João, 15:1 a 27)

1 Disse Jesus: Eu sou a videira verdadeira, e meu Pai é o viticultor.

2 Todo ramo em mim que não dá fruto, Ele o corta; e todo ramo que dá fruto, ***Ele o limpa, para que dê mais fruto ainda****.*

3 Vós já estais limpos pela palavra que vos tenho falado.

4 Permanecei em mim, e Eu permanecerei em vós. Como o ramo de si mesmo não pode dar fruto, ***se não permanecer na videira****, assim também vós, se não permanecerdes em mim* [não podereis dar frutos também].

5 Eu sou a videira verdadeira; vós sois os ramos. Quem permanece em mim, e Eu, nele, esse dá muito fruto; ***porque sem mim nada podereis fazer****.*

6 Quem não permanece em mim é lançado

fora, como o ramo, e seca; tais ramos são recolhidos, lançados ao fogo e queimados.

7 ***Se permanecerdes em mim e as minhas palavras em vós permanecerem, pedi o que quiserdes, e vos será concedido.***

8 ***A glória de meu Pai está em que deis muito fruto; e assim sereis meus discípulos.***

9 Porquanto, da mesma forma como o Pai me ama, Eu também vos amo. Permanecei no meu Amor.

10 Se guardardes os meus mandamentos, permanecereis no meu Amor; assim como tenho guardado os mandamentos de meu Pai e permaneço no Seu Amor.

11 Tenho-vos dito estas coisas a fim de que a minha alegria esteja em vós e a vossa alegria seja completa.

12 ***O meu Mandamento é este: que vos ameis como Eu vos tenho amado.***

13 ***Não há maior Amor do que doar a própria vida pelos seus amigos.***

14 ***E vós sereis meus amigos se fizerdes o que Eu vos mando.***

15 Já não vos chamo servos, porque o servo não sabe o que faz o seu senhor; mas tenho-vos chamado amigos, porque ***tudo quanto aprendi com meu Pai vos tenho dado a conhecer****.*

16 Não fostes vós que me escolhestes; pelo contrário, ***fui Eu que vos escolhi e vos designei*** *para que vades e deis bons frutos, de modo que o vosso fruto permaneça,* ***a fim de que tudo quanto pedirdes ao Pai em meu nome Ele vos conceda****.*

17 ***E isto Eu vos mando: que vos ameis como Eu vos tenho amado.***

18 Se o mundo vos odeia, sabei que, primeiro do que a vós, me odiou a mim.

19 Se fôsseis do mundo, o mundo amaria o que era seu; mas, porque não sois do mundo, ***antes Eu vos escolhi do mundo****, por isso é que o mundo vos odeia.*

20 Lembrai-vos da palavra que Eu vos disse: ***não é o servo maior do que o seu senhor****. Se a mim me perseguiram, também vos perseguirão a vós; se guardaram a minha palavra, guardarão também a vossa.*

21 Mas tudo isto vos farão ***por causa do meu nome****, porque não conhecem Aquele que me enviou.*

22 Se Eu não lhes tivesse vindo e não lhes tivesse falado, não teriam pecado; ***agora, porém, não têm desculpa do seu pecado****.*

23 Aquele que me odeia odeia também a meu Pai [que me enviou].

24 Se Eu entre eles não tivesse feito tais obras, quais nenhum outro jamais fizera antes, não teriam pecado; mas, agora, não somente viram, mas também odiaram tanto a mim como a meu Pai.

25 Mas isto é para que se cumpra a palavra que está escrita na Sua Lei: ***odiaram-me sem causa****.*

26 Quando vier o Paráclito, que Eu vos enviarei da parte do Pai, o Espírito da Verdade, que do Pai procede, esse dará testemunho de mim;

27 ***e também vós dareis testemunho, porque estais comigo desde o princípio****.*

A Anunciação, 1865
Carl Bloch (1834-1890)
Óleo sobre cobre
Capela do Palácio de Frederiksborg em Copenhague, Dinamarca

Mediunidade bendita, Esperança e Boa Vontade

A Caravana da Boa Vontade vem lotada de **Espíritos especiais**, afinados com a mediunidade bendita do Excelso, aquela mediunidade de fazer o Bem. A Legião da Boa Vontade e a Religião de Deus, do Cristo e do Espírito Santo são Obras de suprema importância nos dias atuais do mundo, para **forjar os caracteres no sentimento do Ecumenismo, que soma, que multiplica, que compartilha, que humaniza os corações, cada vez mais belicosos da Humanidade. Não podemos deixar que os bons percam a Esperança. Não podemos!**

O Golfo de Nápoles com a Ilha de Ísquia à distância, 1818
Josephus Augustus Knip (1777-1847)
Óleo sobre tela, 90 x 109 cm
Museu Nacional de Amsterdã, Holanda

Todos ligados ao Cristo

Todos são ligados a Jesus. Devem vigiar para não cair em tentação, para não sair de seus roteiros no Bem, desviando-se por qualquer tipo de ambição. Falamos há muito tempo, há muito tempo, sobre isso. Repetimos a todos da Terra, porque, enquanto na carne, todos são vulneráveis e devem ser lembrados de suas responsabilidades. Se Jesus foi tentado, e Ele é o Mestre, Senhor de nossas vidas, como nós não seremos advertidos?! **Somos amigos; por isso, assim os instruímos. Não nos omitimos.** E felizes na Terra aqueles que falam, que dizem, que lembram e que trabalham **combatendo as tentações**, como faz nosso Irmão Maior Paiva Netto. Combate as tentações pelo rádio, pela televisão, pela imprensa, pela internet e por todos os meios possíveis.

Insistência! Persistência! Obstinação!

Palavras aos de Boa Vontade: Insistência! Persistência! Obstinação! Superamos sempre tudo quando estamos com essas palavras no coração, **a serviço de Deus, do Cristo e do Espírito Santo**! Nas lutas diárias em nossos objetivos mais urgentes, emergenciais, importantes, **a Turma Espiritual está atenta e trabalhando**. Precisamos fortalecer as Almas, os corações desses que labutam nas Casas de Deus, espalhando boas sementes e construindo o mundo novo, **um mundo de Paz, que não é de utopia. A utopia virou realidade.** Por isso, a esperança e a busca perseverante de todos **pelo Bem devem ser ainda mais apoiadas. Assim é o cumprimento das profecias. Os perseverantes do Cristo, os obreiros de**

Boa Vontade, continuam fazendo seus trabalhos, limpando-se mais ainda[1] para **um novo tempo**, quando o bom uso dele será motivo de orgulho, porque **não teremos mais necessidade de punições.**

---

[1] **Limpando-se mais ainda** — Apocalipse, 22:11: *"Continue o injusto fazendo injustiça, o imundo ainda sendo imundo; o justo permaneça na prática da justiça, e o santo a santificar-se".*

O Anjo aparece aos Pastores, 1833-1834
Thomas Cole (1801-1848)
Óleo sobre tela, 257,81 x 471,17 cm
Museu Chrysler de Arte de Norfolk, Virgínia, EUA

O Cristo Glorificado

A Volta Gloriosa de Jesus!

A Jesus, sempre as nossas súplicas para que encurte o tempo e volte logo ao Seu planeta. **A Sua Glória é maior que todos os homens e mulheres reencarnados, Glória que vem de Deus, que vem do Pai Celestial!**

Educação mediúnica com alta Espiritualidade

Em mediunidade **não há pressa**. Os aparelhos mediúnicos sofrem, principalmente os que têm a educação mediúnica refinada e trabalham constantemente com as manifestações espirituais. Qualquer descompasso em seus sistemas do vaso físico faz com que tenhamos calma, tranquilidade e nenhuma pressa no desenvolvimento que nos compete realizar. Portanto, as reuniões de educação de sensitivos ou médiuns não podem vir de apressamentos daqueles que estão predispostos à causa da sensitividade, sob pena de conduzir médiuns ao animismo[1]. Não ter ansiedade é uma regra básica, **regra básica** a todos os que participam e trabalham no meio de forças espirituais de todos os matizes.

[1] **Animismo** — Fenômeno em que o próprio médium se torna o agente da mensagem transmitida, portanto sem a participação direta de um Espírito desencarnado.

Paisagem — Cena de "Thanatopsis", 1850
Asher Brown Durand (1796-1886)
Óleo sobre tela, 100,3 x 154,9 cm
Museu Metropolitano de Arte, Nova York, EUA

Paisagem com Ponte de Pedra, c. 1638
Rembrandt van Rijn (1606-1669)
Óleo sobre painel, 29,5 x 42,5 cm
Museu Nacional de Amsterdã, Holanda

As intuições elevadas

Médium não é apenas aquele que faz o trabalho intermediário, isto é, que recebe a manifestação de um Espírito durante uma reunião espiritual. Médiuns são todos os que estão trabalhando na Terra. E, quando se faz o trabalho apostolar, a sabedoria consiste em permanecer muito atento às elevadas intuições. As boas intuições chegam dos Anjos Guardiães. **Que maravilhoso é, por meio da mediunidade, o contato direto dos seres desencarnados do Bem com os seres reencarnados!**

Campo de Trigo com Ciprestes, 1889
Vincent van Gogh (1853-1890)
Óleo sobre tela, 73,2 x 93,4 cm
Museu Metropolitano de Arte, Nova York, EUA

Súplica aos Poderes Celestiais

Anjos Guardiães, amigos, condutores, trabalhadores, estamos todos ligados às orientações, aos passes espirituais. Conduzam nossas vidas e as daqueles que desejam o legado maior da integração nas Obras do Cristo de Deus. **É a Corrente da Boa Vontade unida, Céu e Terra. E o elo inquebrantável que nos une, chamado Novo Mandamento de Jesus[1], não permite jamais divisão ou frustração dos desígnios do Altíssimo.**

---

[1] **Novo Mandamento de Jesus** — *"Amai-vos como Eu vos amei. Somente assim podereis ser reconhecidos como meus discípulos"* (Evangelho do Cristo, segundo João, 13:34 e 35).

Veneza, vista do Porto de Santa Maria della Salute, c. 1835
Joseph Mallord William Turner (1775-1851)
Óleo sobre tela, 91,4 x 122,2 cm
Museu Metropolitano de Arte, Nova York, EUA

Refinamento do Espírito

Somos burilados pela **fluidificação direta**, que acalma as tormentas da carne, mas refina, acima de tudo, o Espírito trabalhador pela Causa do Divino Ser, Jesus.

Árvores e Casas Próximas de Jas de Bouffan, 1885-1886
Paul Cézanne (1839-1906)
Óleo sobre tela, 67,9 x 92,1 cm
Museu Metropolitano de Arte, Nova York, EUA

Alimento espiritual renovador

Nos momentos de prece, descem fluidos que alimentam nossas convicções, nossos sentimentos e retiram os óbices da dúvida, da desesperança, da insegurança. Somos banhados, meus Irmãos, **banhados** por essas Forças Espirituais latentes, contundentes, próximas, **que nos levam às regiões de vitória, de vitória bendita**.

A Catedral de Salisbury – Vista do Jardim do Bispo, c. 1825
John Constable (1776-1837)
Óleo sobre tela, 87,9 x 111,8 cm
Museu Metropolitano de Arte, Nova York, EUA

Afago Celeste

Sintam na Alma, sintam no coração, sintam em seus pensamentos o **Afago Celeste**, as demonstrações claras do pensamento do Criador em nossos caminhos, **em nossas realizações.**

O Vale de Wyoming, 1865
Jasper Francis Cropsey (1823-1900)
Óleo sobre tela, 123,2 x 213,4 cm
Museu Metropolitano de Arte, Nova York, EUA

Abram o coração

Abram o coração aos abnegados colaboradores do Além e, no intercâmbio de **amizade e paz**, sintam todos os nossos queridíssimos Amigos a contribuir, individual e coletivamente. **Podemos abreviar, podemos encurtar o caminho com as atitudes certas no Bem, corretas, inspiradoras.**

Ponte sobre uma Lagoa de Lírios de Água, 1899
Claude Monet (1840-1926)
Óleo sobre tela, 92,7 x 73,7 cm
Museu Metropolitano de Arte, Nova York, EUA

Construindo pontes

O que precisamos é que **os povos se entendam**, que construam **pontes** de relacionamento, que consigam conviver em paz. Por isso, **não deixemos passar o momento muito bom para agir nas consciências, nos corações**, a fim de alcançar a harmonia mundial.

As Montanhas Rochosas, Pico Lander, 1863
Albert Bierstadt (1830-1902)
Óleo sobre tela, 186,7 x 306,7 cm
Museu Metropolitano de Arte, Nova York, EUA

Gestos de Paz e Boa Vontade

A Boa Vontade se expressa de muitas formas na Humanidade. Os iniciados espirituais, os que já estão mais adiante, esses compreendem muito bem e sabem que tudo o que Deus concede **é oportunidade para que possamos evoluir**. Não há outra forma. **A Humanidade é movida por gestos, por confraternizações.** Promover a **Paz**, a **Paz** entre todos na Terra, entre os corações é muito importante.

Um Desfiladeiro nas Montanhas — Kauterskill Clove, 1862
Sanford Robinson Gifford (1823-1880)
Óleo sobre tela, 121,9 x 101,3 cm
Museu Metropolitano de Arte, Nova York, EUA

Tudo a seu tempo

Gostaríamos que todos os que representam povos **pudessem logo ir mais além, mergulhar na mensagem de Nosso Senhor Jesus Cristo, conhecer o Plano Espiritual e suas potencialidades**, mas isso vem a seu tempo. Primeiro, necessitamos do básico, que é a convivência harmoniosa, **respeitar a diferença** cultural, étnica, política, religiosa, filosófica, ideológica... Mas tudo tem um tempo, tem um prazo.

A Colheita, Pontoise, 1881
Camille Pissarro (1830-1903)
Óleo sobre tela, 46 x 55,2 cm
Museu Metropolitano de Arte, Nova York, EUA

Não se deve perder a oportunidade

Não se deve perder a oportunidade da comunicação, **comunicação firmada nas Leis de Jesus**, que tem importância maior para o encurtamento dos problemas do mundo.

Receita infalível de Jesus

Há uma **receita infalível** aos nossos Irmãos de Boa Vontade, **que, no Mundo Espiritual, não tiramos de nossa frente. Leiam, em voz alta, os versículos 18, 19 e 20 do capítulo 18 do Evangelho de Jesus, segundo Mateus, que são infalíveis aos que buscam cumprir integralmente suas Agendas Espirituais na Terra.** No Mundo Espiritual, temos por toda parte espalhados esses três versículos, porque há muitos planos de trabalho a realizar:

*18 Em verdade, em verdade vos digo:
tudo quanto ligardes na Terra será ligado no
Céu; e tudo quanto desligardes na Terra será
desligado no Céu.*

*19 Ainda vos digo mais: se dois de vós
concordarem na Terra acerca de qualquer
coisa que pedirem, isso lhes será feito por
meu Pai, que está nos Céus.*

*20 Porque, onde houver dois ou mais
reunidos em meu nome, aí estarei no meio
deles.*

A Palavra de Deus, c. 1885
Vincent van Gogh (1853-1890)
Óleo sobre tela, 65,7 x 78,5 cm
Museu Van Gogh de Amsterdã, Holanda

Ponte de San Rocco e Cachoeiras, Tivoli, c. 1810-1820
François-Marius Granet (1775-1849)
Óleo sobre tela, 37,8 x 28,3 cm
Museu Metropolitano de Arte, Nova York, EUA

Acordar a Humanidade

É hora de ajudar mais a Humanidade a **acordar para os ensinamentos de Nosso Senhor Jesus Cristo, base para a boa conduta espiritual e material.**

O Chamado de São João Batista e de Santo André, 1886-1894
James Tissot (1836-1902)
Aquarela opaca sobre grafite em papel tecido cinza, 24,9 x 15,2 cm
Museu do Brooklyn, Nova York, EUA

O Sol Jesus nos leva à frente

Jesus — o Sol do Amor, da Verdade e da Justiça — está presente em nossa vida sempre. E que todos se lembrem: **quem nos leva à frente é o Cristo**, e não os acontecimentos humanos, materiais.

A Entrada para os Bosques, 1650-1688
Philips Koninck (1619-1688)
Óleo sobre tela, 138 x 164,5 cm
Museu Nacional de Amsterdã, Holanda

Libertos pelo Conhecimento Divino

As adversidades **serão benesses quando as suplantarmos, uma a uma, neste roteiro de lutas, mas também de vitórias. Todos confiantes, todos ligados às Forças Benditas do Espaço. As Legiões de Amigos Espirituais** só desejam contribuir com os corações que lutam na Terra por um Brasil justo e por uma Humanidade libertada pelo Conhecimento Divino.

O Canal em 's-Graveland, 1818
Pieter Gerardus van Os (1776-1839)
Óleo sobre tela, 111,5 x 89,5 cm
Museu Nacional de Amsterdã, Holanda

Doutores no Mundo Espiritual

A Universidade Espiritual está em plena atividade. Que todos se tornem doutores no Mundo Espiritual! Que cheguem aos mais altos cargos de compreensão dos assuntos que vêm do Etéreo. Quando os entendemos, quando sabemos, não nos surpreendemos com nada. Somos mais vigilantes, mais parceiros. **Consolidemos as estradas que são pavimentadas do Céu para a Terra.**

Crianças do Mar, 1872
Jozef Israëls (1824-1911)
Óleo sobre tela, 48,5 x 93,5 cm
Museu Nacional de Amsterdã, Holanda

O poder da atração espiritual

O poder da atração espiritual é o poder mais forte que existe em movimento. **Quanto mais pensamos nos assuntos de Deus, trabalhamos por eles, vibramos na sintonia deles, mais atraímos, do Espaço Maior, aqueles que são afins.** Mas o que a Humanidade deseja atrair, individual e coletivamente? Eis a grande questão.

Vista de Haia, c. 1850-1852
Cornelis Springer (1817-1891)
Óleo sobre tela, 48 x 58 cm
Museu Nacional de Amsterdã, Holanda

A força de atração do pensamento

Ao pensarmos, já atraímos. Por isso, as conversas edificantes traduzem os anseios de nosso coração. O pensamento é comparável a um grande ímã. Daí a necessidade da vigília, da atenção. **Toda expressão mental resulta numa formação já do Outro Lado, no Mundo Espiritual.**

Paisagem italiana com Pinheiros-mansos, 1807
Hendrik Voogd (1768-1839)
Óleo sobre tela, 101,5 x 138,5 cm
Museu Nacional de Amsterdã, Holanda

Escolas de educação do pensamento

Temos escolas de educação dos pensamentos no Etéreo. Espíritos mais evoluídos tendem a trabalhar, a burilar as necessidades, ajudando a permear suas próprias convicções com aquelas que são individualmente primordiais ao progresso espiritual.

Paisagem com Dois Carvalhos, 1641
Jan van Goyen (1596-1656)
Óleo sobre tela, 88,5 x 110,5 cm
Museu Nacional de Amsterdã, Holanda

Disciplina dos pensamentos

Quanto mais utilizarmos na Terra a disciplina dos pensamentos nos bons propósitos e trabalharmos para chamar a atenção para isso, mais ajudaremos o próximo a erguer luz pessoal no próprio engrandecimento da vida.

O Bebedouro de Animais, 1660
Salomon van Ruysdael (1600-1670)
Óleo sobre tela, 61 x 85 cm
Museu Nacional de Amsterdã, Holanda

Onde tudo começa

Tudo começa no pensamento, na vontade. E, quanto mais discutimos sobre o pensamento que temos, mais corporificamos encontros, reencontros, desencontros, possibilidades. Dependendo do que pensarmos, do que desejarmos, estaremos de acordo com as Leis Espirituais? Se estivermos, então o processo será automaticamente de benefício, direto ou indireto, da criatura pensante. Do contrário, declinamos aos umbrais da própria consciência, estágio inicial dos umbrais[1] externos.

[1] **Umbrais** — Regiões purgatoriais invisíveis, próximas ao planeta Terra, onde o sofrimento é intenso. São frequentadas por almas delinquentes, enfermas e recalcitrantes no erro. As complexas perturbações das mentes desequilibradas de muitos habitantes terrenos também interagem com esses locais.

A Transfiguração, 1872
Carl Bloch (1834-1890)
Óleo sobre cobre
Museu de História Natural de Frederiksborg, Hillerød, Dinamarca

Saúde espiritual e mental

Uma porção fluídica vinda do Mundo Espiritual Superior tem poder necessário para regenerarmos cada célula do organismo, do vaso físico. Ela se sobrepõe aos desarranjos que a condição humana, às vezes, nos evidencia. Os seareiros, os colaboradores espirituais, ajudam diretamente na recuperação de nossas forças, equilibrando os vasos, as artérias. Os sistemas do nosso excelente organismo vivo produzem e repercutem com a Sonoridade Divina, refazendo-nos, religando-nos ao Macro da Criação, ao Todo-Poderoso.

Intensificar a preparação dos jovens e das crianças para dias difíceis

É importante que os que cuidam dos jovens e das crianças da Boa Vontade estejam, cada vez mais, próximos deles, preparando-os para dias mais difíceis, **porque o mundo vai conhecer dias mais difíceis**. Precisamos que a Juventude Ecumênica do Amor, da Boa Vontade, da Paz esteja sintonizada com as Falanges da Boa Vontade de Deus do Mundo Espiritual. É forçoso que nossas crianças estejam amparadas, cada vez mais, espiritual e materialmente. Aguardamos em Deus que tudo seja abreviado. *"Não tivesse o Senhor Deus*

encurtado aqueles dias*, ninguém seria salvo; mas, por causa dos eleitos que Ele escolheu, abreviou tais acontecimentos*" (Evangelho de Jesus, segundo **Marcos**, 13:20). As Esferas Superiores travam batalha árdua nos campos das regiões mais densas, regiões malévolas, cujos Espíritos que lá residem agem como verdadeiros monstros e, assim, influenciam suas presas da Terra, levando-as ao conflito em suas mentes e em seus corações e, posteriormente, entre os povos sob seus comandos. Orar, vigiar, fazer prece, intensificar o trabalho do Bem é o antídoto perfeito para conseguir compreender e superar os embates ainda maiores que sobre a Humanidade estão por um fio.

A Cura de um Homem Cego, 1871
Carl Bloch (1834-1890)
Óleo sobre cobre
Museu de História Natural de Frederiksborg, Hillerød, Dinamarca

A Sublime Intervenção de Jesus

A Jesus suplicamos sempre Sua Intervenção. Já nos preparamos no Mundo Espiritual para esses acontecimentos tão ruins, contudo depuradores, pelos quais a Humanidade terá que passar. Preparemos os corações! Preparemos os corações! Suplicamos aos Irmãos Falangeiros da Boa Vontade de Deus — um exército de Amigos e Irmãos obstinados na vontade cristã — que olhem por todos os que entram na faixa vibratória do Divino Mestre e Senhor.

Cristo abençoando as Crianças, 1652-1653
Nicolaes Maes (1634-1693)
Óleo sobre tela, 218 x 154 cm
Galeria Nacional de Londres, Inglaterra

Guardiães da Mensagem do Cristo

O tempo urge! Por isso, quanto mais trabalharmos os coraçõezinhos das crianças e da Juventude Ecumênica da Boa Vontade de Deus, mais teremos fortes guardiães da Mensagem de Jesus, dedicada aos que sobreviverão no mundo. Que Jesus possa abençoar, hoje e sempre, todos esses participantes da Cruzada vitoriosa da Boa Vontade de Deus na Terra!

A Viagem da Vida: Infância, 1842
Thomas Cole (1801-1848)
Óleo sobre tela, 134,3 x 195,3 cm
Galeria Nacional de Arte, Washington, EUA

A responsabilidade da Juventude Ecumênica da Boa Vontade de Deus

Que a Juventude Ecumênica da Boa Vontade de Deus esteja amparada na responsabilidade de seu glorioso papel na Humanidade de levar o Amor do Cristo, a Paz e a Boa Vontade Mundial aos corações! E que os jovens estejam protegidos das tentações que a todo tempo surgem! Temos de trabalhar para vencer as tentações. E como fazê-lo senão ocupando-nos espiritual, moral e mentalmente? **Oração e vigilância! Oração e vigilância! Oração e vigilância!** É o que Jesus ensinou em Seu Evangelho, segundo **Mateus**, 26:41: *"Vigiai e orai, para que não entreis em tentação"*. Não há disciplina maior do que essa.

"Dia Ensolarado", um Moinho de Vento num Canal, c. 1860 - c. 1903
Paul Joseph Constantin Gabriël (1828-1903)
Óleo sobre tela, 29 x 37,5 cm
Museu Nacional de Amsterdã, Holanda

A importância das leituras elevadas

É hora de reflexão profunda, deixando que todas as sementes que germinam em forma de leitura extraordinária caiam sobre o solo das mentes, das Almas, dos sentimentos de todos os que adentrarem **o Mundo do Cristo Ecumênico, o Estadista Divino, universalista, Amor Fraterno em todos os campos.**

O Semeador— O Semeador no Pôr do Sol, 1888
Vincent van Gogh (1853-1890)
Óleo sobre tela, 64 x 80 cm
Museu Kröller-Müller, Otterlo, Holanda

Semeadura que prevalece

A melhor semeadura é aquela que resiste ao tempo! Não apenas um impulso de publicidade, mas aquela que vai tocar corações predispostos ao bom caminho. E, aliás, é do que necessitamos: tocar corações para o Bem! Se olharmos para o Cristo como faz nosso Irmão Maior Paiva Netto, que é um especialista nos assuntos divinos, o que veremos senão o coração, o toque da metamorfose, sempre para o crescimento espiritual das criaturas?

Jesus cura o Paralítico no Tanque de Betesda, 1667-1670
Bartolomé Esteban Murillo (1617-1682)
Óleo sobre tela, 237 x 261 cm
Galeria Nacional de Arte, Washington, EUA

Jesus, acima de tudo, é coração!

Jesus transforma, e a transformação vem primeiramente pelo emocional. Jesus, acima de tudo, é coração! Depois, Ele influencia tudo, segundo a Vontade de Deus. Mas o Divino Mestre é coração capaz de recuperar as mais difíceis personalidades, os mais cruéis Espíritos, dando-lhes a oportunidade da renovação em seus umbrais de culpa, de equívocos.

Castelo de Bentheim, 1650-1682
Jacob van Ruisdael (c. 1628-1682)
Óleo sobre tela, 68 x 54 cm
Museu Nacional de Amsterdã, Holanda

Umbral: centro de recuperação

Umbrais são territórios no Mundo Invisível que o Cristo permite que existam como centros de recuperação de Espíritos que, por suas más ações na Terra, caíram em grande sofrimento moral e espiritual. Lá são utilizadas terapias de correção até que aqueles que são tratados sintam, reajam, alcancem novos degraus na própria evolução. Mas ninguém é julgado depois de chegar a um local desses. Já foram julgados antes por suas consciências. A própria tortura mental, originada pela clareza dos pensamentos, individuais e coletivos — ou seja, sem as limitações do corpo material —, já é a grande moléstia que cada um carrega nessas regiões, onde é tão difícil sobreviver.

Inabalável Fé nas Providências de Deus

Ó Jesus, que nos abre todos os dias novas possibilidades, gratíssimo! O que mais, meu Irmão Maior Paiva Netto, desejamos aos reencarnados senão que tenham **a inabalável Fé?! Inabalável Fé!** Mesmo nos momentos de atrito, de conflito, de desafio, **tenham Fé nas Providências de Deus** e tomem as atitudes na Terra. Todos precisam da inabalável, inesgotável Fé, **trasladada em atitudes benditas diariamente**. Por exemplo, quando formamos a Corrente de Deus nas Instituições da Boa Vontade[1], **suplantamos tudo, tiramos os óbices da frente e atingimos até mesmo o que parece inalcançável!**

[1] **Instituições da Boa Vontade (IBVs)** — São formadas pela Legião da Boa Vontade (LBV); pela Religião de Deus, do Cristo e do Espírito Santo; pela Fundação José de Paiva Netto; pela Fundação Boa Vontade; e pela Associação Educacional Boa Vontade.

O Cristo saiu para vencer

Cuidemos da **grama verde [a mocidade, citada no Apocalipse de Jesus, 8:7]**. **Ela é o futuro!** E traz em seu bojo experiências utilíssimas e habilidades necessárias ao enfrentamento de embates que teremos de sobrepujar no planeta Terra. **Nosso orbe não se tornará de regeneração**[1] **sem um embate pesado**, provocado por forças antagônicas, que, por meio do mal, tentam apoderar-se daquilo que não lhes pertence. **Mas o Cristo saiu para vencer!** Nosso Irmão Maior Paiva Netto está sempre ressaltando isso em suas palestras sobre o Apocalipse de Jesus. Está lá na passagem do Cavaleiro do **cavalo branco**:

— *Eis um cavalo branco e o seu cavaleiro com um arco; e lhe foi dada uma coroa; e Ele saiu vencendo e para vencer.*

Que tenham todos *"olhos de ver e ouvidos de ouvir"*. **Que prestem atenção, realmente, na pregação fraterna do Apocalipse Ecumênico[2], feita pelo nosso Irmão Maior.**

---

[1] **Planeta de regeneração** — Em sua obra *As Profecias sem Mistério* (1998), Paiva Netto escreve: *"No concernente à ascensão da Terra a um patamar mais elevado na escala dos mundos, refere-se* ***Santo Agostinho*** *(Espírito) em* O Evangelho Segundo o Espiritismo, *de* ***Allan Kardec*** *(1804-1869), no subtítulo* 'Há muitas moradas — Progressão dos mundos': '— Segundo aquela lei, este mundo esteve material e moralmente num estado inferior ao em que hoje se acha e se alçará sob esse duplo aspecto a um grau mais elevado. Ele há chegado a um dos seus períodos de transformação, em que de **orbe expiatório** mudar-se-á em **planeta de regeneração**, onde os homens serão ditosos, porque nele imperará a lei de Deus — **Santo Agostinho** (Paris, 1862)'. *Progredir é, pois, Lei de Deus".*

[2] Acompanhe a pregação de "O Apocalipse de Jesus para os Simples de Coração" pela Super Rede Boa Vontade de Rádio e pelo aplicativo Boa Vontade *Play*. Veja a lista das emissoras no final desta obra.

O Sermão da Montanha, 1877
Carl Bloch (1834-1890)
Óleo sobre cobre, 104 × 92 cm
Museu de História Natural de Frederiksborg, Hillerød, Dinamarca

Benditos os que se firmam nas Palavras do Senhor

Benditos os que leem e ouvem o Evangelho Redentor e o Apocalipse Salvador de Jesus na perseverança e na glória do Pai Celestial!

Lagoa de Floresta no Pôr do Sol, c. 1862
Gerard Bilders (1838-1865)
Óleo sobre painel, 22 x 35 cm
Museu Nacional de Amsterdã, Holanda

Deus nos concede tudo!

Não podemos tirar a prova de ninguém. Isso não podemos. Não temos essa capacidade. Mas podemos ajudar vocês a levá-la, **atenuando-a, melhorando-os, deixando-os mais capazes**. Lembremo-nos de que, passada a prova, **vem a bonança.** Sejamos servos humildes em reconhecer que Deus nos concede tudo, tudo!

O Sonho de Jacó, c. 1660
Bartolomé Esteban Murillo (1617-1682)
Óleo sobre tela, 246 x 360 cm
Museu Estadual Hermitage de São Petersburgo, Rússia

Comunicação entre Céu e Terra

A comunicação entre Céu e Terra só será possível em sua plenitude quando os que habitarem este planeta **estiverem prontos a aceitar determinadas verdades**. Infelizmente, em muitas reuniões de todos os matizes, espalhadas pelo mundo, **as pessoas querem apenas ouvir aquilo pelo que anseiam**. E quando não podemos dizer que aquilo que desejam irá ocorrer? E mais: nem todos os Espíritos que se comunicam têm paciência ou habilidades para poder conduzir os fatos de modo que não desesperem os que estão reencarnados. A Humanidade ainda está muito atrasada, muito distante, mas trabalhamos diariamente para aumentar o entendimento de todos quanto aos assuntos espirituais.

Vista do Rio com Barca, 1649
Salomon van Ruysdael (1600-1670)
Óleo sobre tela, 101,5 x 134,8 cm
Galeria Nacional de Arte, Washington, EUA

O que pedir aos Céus

Peçamos ao Alto aquilo que realmente seja para o trabalho do Cristo. O que é para nós, **deixemos nas mãos daqueles que nos protegem**, porque esses nos darão o que for necessário, abrirão as portas, fornecerão as boas intuições. **Assim, não nos perderemos na Terra jamais!!!** É o cumprimento da lição de Jesus, na qual se fundamenta a Religião de Deus, do Cristo e do Espírito Santo: *"Buscai primeiramente o Reino de Deus e Sua Justiça, e todas as coisas materiais vos serão acrescentadas"* (Evangelho, segundo Mateus, 6:33).

Segurança espiritual em tempos atribulados

Os Espíritos de Deus trazem a segurança, **a segurança legítima**, enraizada no coração de nosso Pai Celestial. Suplicamos aos queridíssimos Irmãos que percebam quão grande é o papel daqueles que se integram na Religião de Deus, do Cristo e do Espírito Santo. Pobre Humanidade, que, desatenta, desafia as hostes do Cristo! Pobre Humanidade, que, brincando, demora a entender a magnânima transformação que ocorrerá visivelmente, com maior força e amplidão entre os que governam e os que são governados, por toda parte. **Somente** com a segurança originária do coração ligado às bases do Evangelho e do Apocalipse de Jesus se poderá sobreviver aos eventos tenebrosos que ainda sobrevirão sobre a face da Terra. Bendita Religião do Amor Universal, que não se cala; que proclama, que grita, alto e bom som, os caminhos que levam à verdadeira salvação: a salvação das Almas. Queridos Amigos do Céu e da Terra, manter a disciplina dentro da hierarquia que o Divino Mestre Jesus concebeu **é trabalho para os lúcidos e os de bem**. Sejamos fortes, suficientemente fortes, para construir e pavimentar as estradas que seguramente levam ao Cristo Jesus, **concretizando a semeadura** que a nós foi destinada. A colheita é dos Espíritos que acompanham os povos e que estarão à frente, a cumprir o Mandato Divino, o Supremo Mandato da escolha. A segurança nasce no coração realmente entregue a Deus. Quem tem sua Alma ofertada ao Criador jamais poderá sentir insegurança. Jamais! Isso porque sabe que a vida material terá grande desenvolvimento com o eterno propósito dos caminhos do progresso espiritual.

Caridade: Oxigênio Divino

Quando Legiões descem de Territórios Espirituais tão distantes até o orbe terrestre, **vencendo barreiras de umbrais pesadíssimos, em socorro direto aos que vibram pelo Bem, aos que suplicam as bênçãos do Cristo**, compreendemos que **a Caridade Espiritual não é apenas um atributo valioso, mas uma essência de vida na Espiritualidade Superior**.

A Caridade é veículo que move os Espíritos nas distantes Esferas Siderais. Poderíamos dizer que, sem Caridade, a Cristandade não teria o Oxigênio Divino, que a faz imortal.

Pensemos nisso. Raciocinemos sobre o valor da Caridade elucidativa, que a Religião do Amor Universal, tendo à frente o nosso Irmão Maior Paiva Netto, traz diariamente aos corações pela Comunicação 100% Jesus (rádio, televisão, internet e impressos).

Tudo se resume na **Caridade do Espírito**, que deve ser exercitada, que deve ser discutida, porque a pessoa que ama coopera, não causa divisão, não odeia, não age fora dos limites de Deus. **A Caridade do Espírito nos conduz à própria salvação.**

Falemos na segurança destacando a Caridade legítima, aquela que ergue, com pedras, tijolos e cimentos do Espaço, a construção do Homem-Espírito.

Súplica aos Céus

Nossos queridíssimos Colaboradores do Espaço se juntam à poderosa Corrente de Fé e de Vigília permanente pela Paz, **pela Paz legítima, e pela segurança do ser humano integrado em Deus**. E, a todos, o carinho e a gratidão, na certeza de que **honraremos** os esforços e **trilharemos** a escala musical do Universo maior, que já está pautada.

Caridosos Amigos do Mundo da Verdade, que Jesus nos abençoe, hoje e sempre! Que possamos ser o ímã de esperança permanentemente capaz de atrair os mais belos e importantes acordes da Natureza Superior.

Bradamos aos Céus que as forças que nos invadem sejam dignificadas pela **ação bendita** de nossos pensamentos, de nossas palavras e de nossas ações, seguindo a advertência de nosso Irmão **André Luiz** (Espírito) sobre a Sintonia Tríplice (Bom Pensamento, Boa Palavra e Boa Ação), que merecidamente é difundida, à exaustão, pelos guerreiros da Religião do Terceiro Milênio.

Elevemos, com pureza d'Alma, a palavra que nos rege perante o Divino Mestre: **servir**. E que possamos servir seguindo o exemplo de nosso Irmão Maior Paiva Netto, na grande condução do progresso de Espíritos reencarnados aos propósitos superiores da evolução espiritual.

Façamos de nossas mentes, de nossos braços o vaso físico de Jesus, nosso Senhor.

TEMPLO DA BOA VONTADE

Sede Espiritual da Religião do Terceiro Milênio

Aclamado pelo povo uma das Sete Maravilhas de Brasília/DF, Brasil, o Templo da Boa Vontade (TBV), símbolo maior do Ecumenismo Divino, a Pirâmide das Almas Benditas, a Pirâmide dos Espíritos Luminosos, é o monumento mais visitado da capital brasileira, segundo dados oficiais da Secretaria do Esporte, Turismo e Lazer do Distrito Federal (Setul). Desde que foi fundado por Paiva Netto, em 21 de outubro de 1989, já recebeu cerca de 30 milhões de peregrinos. **Na foto**, da esquerda para a direita, o Parlamento Mundial da Fraternidade Ecumênica (o ParlaMundi da LBV), a sede administrativa e o TBV, localizados na Quadra 915 Sul. Outras informações: (61) 3114-1070 / www.tbv.com.br (disponível em alemão, árabe, chinês, espanhol, esperanto, francês, inglês, italiano e português).

José Gonçalo

CONHEÇA O TRABALHO DA LBV

www.lbv.org.br

BOA VONTADE TV

Internet: www.boavontade.com/tv
OI TV: Canal 212 • Net Brasil: Canais 196 e 696 • Claro TV: Canais 196 e 696

Geradora Educativa da Fundação José de Paiva Netto

Canal 45.1 Digital - São Paulo/SP
Canais 11E / 40D - São José dos Campos/SP

Kit Sat Boa Vontade

Satélite: Star One C3 • Frequência: 3.858 MHz • Symbol Rate: 3.750 Ksps • Polarização Vertical • Modulação: DVB S.2

SUPER REDE BOA VONTADE DE RÁDIO

Internet: www.boavontade.com/radio
OI TV: Canal 989 (Super RBV de Rádio)

Emissoras de rádio:

Rio de Janeiro/RJ: AM 940 kHz • **São Paulo/SP**: AM 1.230 kHz • **Esteio, região de Porto Alegre/RS**: AM 1.300 kHz • **Porto Alegre/RS**: OC 25 m - 11.895 kHz • OC 31 m - 9.550 kHz • OC 49 m - 6.160 kHz • **Brasília/DF**: AM 1.210 kHz • **Santo Antônio do Descoberto/GO**: FM 88,9 MHz • **Salvador/BA**: AM 1.350 kHz • **Manaus/AM**: AM 610 kHz • **Montes Claros/MG**: AM 550 kHz • **Sertãozinho, região de Ribeirão Preto/SP**: AM 550 kHz • **Uberlândia/MG**: AM 1.210 kHz

PORTAIS

www.boavontade.com
www.religiaodedeus.org
www.jesusestachegando.com
www.paivanetto.com

APP BOA VONTADE PLAY

Baixe na loja de aplicativos do seu celular e acompanhe ao vivo